HOMBRES EN LLAMAS

POR MARCOS RICHARDS

Publicado por HLM Producciones, S.A. de C.V.
Melquiades Alanís 5825, Alamos de S. Lorenzo
Cd. Juárez, Chih., Méx.
E-mail: hlm@vinonuevo.net

Registro Público del Derecho de Autor
No. 03-2006-030710242600-01 por Marcos Richards

Todos los derechos reservados. Ninguna parte de esta publicación puede ser reproducida sin el permiso previo del autor.

ISBN-1-933172-15-0   Hecho en México

HOMBRES EN LLAMAS

¿Qué es un hombre en llamas? En la película que lleva este nombre, Denzel Washington interpreta el guardaespaldas de una niña, hija de una familia importante en la Ciudad de México. Cuando ella es secuestrada, él se convierte en un "hombre en llamas", un hombre apasionado al extremo. Su pasión explosiva lo impulsa a investigar, encontrar y castigar a todo aquel que tuvo algo que ver con el secuestro.

Jesucristo quiere que nosotros seamos hombres en llamas, obviamente no en la aplicación que le da la película, pero sí en una pasión intensa por las cosas de Dios. Para muchos el ser un hombre cristiano, se iguala a ser aburrido, temeroso y pasivo. Eso es basura. La Biblia nos habla de una vida emocionante y atrevida, pero para vivirla necesitamos el fuego de Dios. A la vez hay que saber que ese no es el único fuego de lo cual habla la Biblia. En este breve libro vamos a considerar tres fuegos.

TRES FUEGOS

Existen tres factores críticos que afectarán fuertemente el futuro de cada hombre. La manera como manejemos estos tres fuegos será determinante para moldear nuestra vida y destino.

Todo hombre enfrentará los primeros dos – el fuego del PECADO y el fuego de la PRUEBA. Muchos no salen de allí. Los que logran salir victoriosos será por haberse sumergido en el tercero – el fuego de su PRESENCIA.

Vamos a considerar entonces cómo enfrentar los primeros dos fuegos y cómo abrazar el tercero. Un hombre ejemplar para nosotros es José, el soñador. El venció el Pecado sexual al ser tentado por la esposa de Potifar, persistió en la Prueba al ser esclavizado y después encarcelado injustamente por años, pero finalmente salió victorioso al ser llevado a la Presencia del rey.

EL FUEGO DEL PECADO

"*¿Tomará el hombre fuego en su seno sin que sus vestidos ardan?¿Andará el hombre sobre brasas sin que sus pies se quemen? Así es el que se llega a la mujer de su prójimo; no quedará impune ninguno que la tocare*". Proverbios 6:27-29

La Escritura compara al pecado con el fuego. En lo natural la verdad es obvia, si tú te acercas al fuego, te quemas. Esta cita aclara que lo mismo es cierto en lo espiritual y declara que "No quedará impune ninguno". Las consecuencias del pecado, tarde o temprano te alcanzarán. Hay personas que pecan aparentemente sin consecuencias, pero la Palabra de Dios es muy clara, no quedará impune ninguno, llegará el momento de pagar el precio. Tan seguro como que el fuego te quemará, el pecado también te quemará, pero en formas mucho más dolorosas y profundas que el daño al cuerpo físico.

Este pasaje en Proverbios nos habla del pecado de fornicación, o relaciones sexuales antes o fuera del matrimonio. Este es un pecado especialmente destructivo, pero comienza mucho antes del momento de estar en la cama. Dos versículos antes leemos:*"No codicies su hermosura en tu corazón, Ni ella te prenda con sus ojos"*. Proverbios 6:25

Tenemos que vencer este pecado desde su inicio en nuestros pensamientos. *"No codicies su hermosura en tu corazón"* nos habla de lujuria, el deseo sexual por una mujer que no es nuestra esposa. Esto en sí es pecado y es el camino hacia la fornicación, que incluye adulterio en el caso de los casados. Debemos entender un principio importante: "lo que no vencemos en la mente, saldrá en las acciones". Si nos permitimos pensamientos apasionados con una mujer que no es nuestra esposa, cuando se presente la oportunidad, (y el diablo se encargará de que se presente), actuaremos conforme a lo que hemos estado dando vueltas en nuestra imaginación. Allí, en la mente, tenemos que pelear y vencer.

Pocos hombres han enfrentado el fuego del pecado como José. El era un joven, en el apogeo de sus hormonas, cuando la esposa de Potifar trató de seducirlo. La Biblia dice que Potifar era un oficial del Faraón. En la cultura de esos tiempos, un hombre en una posición tan alta como un oficial del máximo líder del país más importante del mundo, comúnmente escogía a su esposa de entre las doncellas más hermosas de todo el país. Esto nos hace pensar que sin lugar a dudas, la esposa de Potifar era una mujer relativamente joven y muy hermosa.

Si le añadimos a esta situación el hecho de que José estaba lejos de su casa y familia, empezamos a entender lo fuerte de esta tentación. No solo eso, también José fácilmente se pudiera haber sentido traicionado por sus hermanos, quienes lo vendieron como esclavo, y aún con Dios por permitirlo. Estos sentimientos lo pudieron hacer aún más vulnerable a la tentación sexual y hasta darle una falsa autojustificación. A pesar de todo esto, José fue firme en resistir.

Leamos Génesis 39: 7 -10: *"Aconteció después de esto, que la mujer de su amo puso sus ojos en José, y dijo: Duerme conmigo. Y él no quiso, y dijo a la mujer de su amo: He aquí que mi señor no se preocupa conmigo de lo que hay en casa, y ha puesto en mi mano todo lo que tiene. No hay otro mayor que yo en esta casa, y ninguna cosa me ha reservado sino a ti, por cuanto tú eres su mujer; ¿cómo, pues, haría yo este grande mal, y pecaría contra Dios? Hablando ella a José cada día, y no escuchándola él para acostarse al lado de ella, para estar con ella."*

Cada día esta mujer se ofrecía a José y cada día él decidía ni siquiera escucharla. No le prestó atención. Le sacaba la vuelta lo más que podía. Esta tiene que ser nuestra actitud ante situaciones de tentación. Si una mujer de tu trabajo te llama la atención, sácale la vuelta. La tendencia carnal es buscar tener algo de contacto, aún sin la intención de llegar a la pasión. El problema es que al alimentar la carne con esas "inocentes charlas" le estamos echando leña a este fuego peligroso. La charla se convierte en coqueteo que lleva a pequeños cariños, que eventualmente llevan a caricias, hasta culminar en fornicación.

José decidió huir cada día y nosotros tenemos que entender que la lucha contra el pecado sexual se llevará a cabo día a día. Diariamente tenemos que escoger agradar a Dios más que a nuestros apetitos carnales. Cada día necesitamos tener un tiempo con Dios y su palabra para recibir fortaleza. Cada día hay que confiar, no en nuestras fuerzas sino depender plenamente de Dios y El nos fortalecerá. Las guerras no se ganan en un momento y ésta tampoco. No te desanimes al sentir que la tentación continúa fuertemente. Solamente agárrate de Dios y huye de la tentación ESTE DIA. Un día a la vez ganaremos la victoria.

El buscar contacto "inocente" con una mujer es como ir a tu restaurante favorito cuando estás ayunando. Imagínate lo absurdo de estar hambriento pero decidido a no comer. No obstante vas al restaurante, entras a la cocina y hasta hueles tu platillo preferido.

Esto te llevará a la derrota segura. Solo hay una cosa que se tiene que hacer con la tentación: HUIR!!!

José lo hizo, segun Génesis 39:11-12 *"Aconteció que entró él un día en casa para hacer su oficio, y no había nadie de los de casa allí. Y ella lo asió por su ropa, diciendo: Duerme conmigo. Entonces él dejó su ropa en las manos de ella, y huyó y salió"*.

José no le hizo caso a la esposa de Potifar y cuando al fin la situación se puso realmente peligrosa, él hizo lo que todo hombre de convicción y carácter tiene que hacer: huyó.

Quizá algunos hombres sienten que son incapaces de pecar sexualmente. Permíteme ser franco. Si eso crees, o ¡estás engañado o eres un eunuco! Aún el rey David, un hombre apasionado por Dios, con un corazón conforme al de Dios, pecó sexualmente. Tenemos que reconocer que somos vulnerables.

1 Corintios 10:12 advierte: *"Así que, el que piensa estar firme, mire que no caiga".*

Una forma muy sencilla y directa de decirlo, es que si te crees muy fuerte, ¡CUIDADO!, porque eres especialmente propenso a caer.

¿Por qué? Porque cuando te sientes muy confiado, te descuidas. Alguien que piensa que nunca le van a robar el carro, no le pone alarma o cortacorriente, deja las puertas sin seguros, etc. Yo antes era así hasta que me robaron una camioneta de mi propia cochera… ¡estando yo en la casa en ese momento! Ahora mi nueva camioneta tiene cortacorriente y soy más cuidadoso.

Hay hombres que, en cuanto a la tentación, no tan solo no cierran bien su carro, dejan la puerta abierta y el motor andando. No esperes una tragedia para reaccionar. ¡HUYE de la tentación hoy mismo!

En cuanto a la tentación sexual, todo el equipo pastoral de Vino Nuevo y yo, reconocemos que somos vulnerables. Por esto tenemos la norma estricta de jamás dar consejería o ministrar de ninguna forma a una mujer a solas en un lugar privado. En general se procura que mujeres ministren a mujeres o que haya más de dos personas presentes. En casos excepcionales donde es necesario ministrar solos a una mujer, sin excepción siempre tiene que ser en un lugar visible. Esto es una buena norma no solo en el ministerio sino en casi cualquier contexto.

1 Corintios 10 continúa y en el siguiente versículo dice: *"No os ha sobrevenido ninguna tentación que no sea humana; pero fiel es Dios, que no os dejará ser tentados más de lo que podéis resistir, sino que dará también juntamente con la tentación la salida, para que podáis soportar."*

Hay hombres que dicen que no pueden resistir la tentación sexual, que no pueden dejar de ver pornografía o de voltear a ver a las mujeres que pasan en la calle. Esto simplemente no es cierto. La Biblia nos dice que Dios no nos va a permitir entrar en una tentación que no podamos resistir. La clave, sin embargo, es entender que juntamente con la tentación Dios nos pondrá la salida. Es nuestra responsabilidad utilizar esa salida. El texto no dice que juntamente con la tentación Dios dará "las fuerzas para resistir". No, dice que "dará la salida".

Si tú estuvieras en un salón donde comenzara un incendio y hubiera una puerta de emergencia, pero tú decides no salir por la puerta, sino enfrentar las llamas porque supuestamente puedes vencerlas, ¿eso te haría valiente o tonto? La respuesta es obvia. Cuando se trata del fuego del pecado, Dios provee una puerta de emergencia, una salida. ¡Salgamos corriendo como José!

Esto se aplica a todo tipo de pecado sexual. Tenemos que huir de las imágenes sensuales que nos llenarán de lujuria donde se presenten, sea televisión, cine, revistas o internet. Algunos piensan que lo que vemos no es tan importante, pero la Biblia dice lo contrario. Job declaró: *"Hice pacto con mis ojos; ¿Cómo pues, había yo de mirar a una virgen?"*

El autor Randy Alcorn compara el tener internet en tu computadora, sin ninguna medida de precaución, con tener una pila de revistas pornográficas en el closet de la recámara. El hace unas sugerencias prácticas de medidas que se pueden tomar, como instalar filtros que bloquean los "pop-ups", esas imágenes no solicitadas que aparecen solas en la pantalla, como también filtros que hacen más difícil entrar a sitios inapropiados. Otra medida es tener la pantalla de la computadora en un lugar visible para otras personas, nunca escondida detrás de la puerta de una recámara donde uno sabe que no hay peligro de ser sorprendido. Una última medida es contratar a un técnico para que periódicamente haga una revisión e imprima una lista de todos los sitios visitados, al mismo tiempo, hacer un pacto con una persona de confianza quien revisará esa lista para confirmar que no entraste a donde no deberías. Si aún así no se controla el problema es tiempo de cancelar el internet.

¿Suena algo exagerado? Escucha lo que dijo Jesús al respecto.

"Oísteis que fue dicho: No cometerás adulterio. Pero yo os digo que cualquiera que mira a una mujer para codiciarla, ya adulteró con ella en su corazón. Por tanto, si tu ojo derecho te es ocasión de caer, sácalo, y échalo de ti; pues mejor te es que se pierda uno de tus miembros, y no que todo tu cuerpo sea echado al infierno. Y si tu mano derecha te es ocasión de caer, córtala, y échala de ti; pues mejor te es que se pierda uno de tus miembros, y no que todo tu cuerpo sea echado al infierno". Mateo 5: 27-30

Esto sí que es radical. Obviamente más que literalmente sacar el ojo o cortar la mano, Jesús está haciendo un llamado a sacar y cortar la fuente de tentación, lo que nos provoca pecar. Así que debemos ser drásticos con nuestra carne y alejarnos lo más posible de las cosas que nos causan tentación.

EL FUEGO FUERA DE LUGAR
Antes de continuar quiero aclarar una cosa. El sexo no es malo, de hecho es una creación extraordinaria de Dios. El problema es cuando es tomado fuera del contexto para lo cual fue diseñado por Dios. Continuando con el simbolismo del fuego, podemos decir que el sexo es como el fuego, y el matrimonio es la chimenea. Imagínate una cabaña cubierta de nieve en el bosque en medio del invierno. Tu estás sentado en la sala frente a la chimenea. El fuego dentro de su lugar apropiado, la chimenea, da un calor delicioso en medio del frío. Sin embargo, si sacas el fuego de su debido lugar y lo pones en el piso de madera de la cabaña, de repente eso que era tan agradable se convierte en algo destructivo.

Vuelvo a enfatizar, dentro de la chimenea del matrimonio, el fuego del sexo es excelente, pero fuera de allí es un fuego que arrasa con matrimonios, sueños y vidas completas.

Volviendo a la instrucción de huir. Esto no solo se refiere a pecado sexual sino a cualquier tipo de tentación. Debemos identificar lo que nos incita al pecado y en la medida que sea físicamente posible eliminarlo de nuestra vida. También pueden existir relaciones inter-personales que fomenten el pecado en nuestra vida. Quizá tenemos una amistad que siempre nos habla cosas indebidas, sean chismes y críticas o chistes de doble sentido. Si identificamos que al estar con esa persona terminamos más carnales que antes, debemos alejarnos de esa relación.

Algunos hombres están pensando que la persona de peor influencia en su vida es su suegra, pero ese es otro tipo de mal. Quizá escuchaste del hombre que acompañó a su suegra al doctor y luego llegó a su casa con su esposa y le dijo, "Mi amor, creo que tu mamá va a venir a vivir con nosotros." Su esposa, preocupada, le pregunta por qué, a lo cual él contesta, "Es que el doctor dijo que yo debería esperar lo peor".

Retomando el fuego del pecado, este puede presentarse dramáticamente como la esposa de Potifar, pero es más común que se presente en una forma muy sutil y aparentemente inofensiva. Tal es el caso de un experimento interesante con ranas en un laboratorio. Se puso una rana en un recipiente con agua tibia. La rana se sentía agusto en el agua de temperatura agradable y se acomodó allí. Entonces se prendió lumbre bajo el recipiente pero con una llama pequeña de tal forma que el agua fuera subiendo de temperatura lentamente. Subió tan lentamente que la rana no sintió el cambio. Siguió subiendo y subiendo hasta que finalmente el agua hirvió cocinando a la rana, quien se pudiera haber escapado fácilmente con un brinquito en cualquier momento, pero nunca se dio cuenta del peligro en el que estaba.

Tristemente esto sucede con muchos hombres. El fuego del pecado viene como algo tan pequeño que lo permitimos lentamente en nuestra vida sin sentir su efecto. No seas engañado. La tentación siempre lleva al pecado y el pecado siempre lleva a la destrucción. Huye mientras puedas.

EL FUEGO DE LA PRUEBA

Un segundo tipo de fuego que todo hombre enfrentará es el fuego de la prueba. Isaías 48:10 declara:

"He aquí te he purificado, y no como a plata; te he escogido en horno de aflicción".

La Nueva Versión Internacional traduce la palabra "escogido" como "probado" haciendo más claro el versículo, al leerlo "te he probado en el horno de la aflicción".

Algunos hombres piensan que el horno de la aflicción ha de ser la casa de su suegra. Un hombre comentó con su amigo que el día anterior al estar caminando con su suegra, aparecieron dos maleantes y la empezaron a golpear para robarle la bolsa. Su amigo preguntó qué había hecho él, a lo cual contestó que nada. El amigo le reclamó que por qué no se había metido al pleito, a lo que respondió, "Como crees, tres contra ella, hubiera sido demasiado". (Todos los chistes de suegra son de broma, de hecho yo me llevo muy bien con la mía, quien se ríe de los chistes. Así que si usted es suegra y se ofendió, pido disculpas. Y a propósito, ¿qué hace usted leyendo un libro de hombres?)

Hay ocasiones en las cuales Dios permite que entremos al horno de la aflicción, a tiempos de prueba. Nuestro Dios es un padre amoroso y jamás permite una prueba en nuestra vida simplemente porque está aburrido. El siempre tiene un propósito maravilloso para nosotros que muchas veces requiere un proceso de purificación para lograrlo.

Los metales son purificados por medio de fuego. Cuando el oro se somete al fuego y se derrite, las impurezas suben a la superficie para ser eliminadas. En una manera similar Dios utiliza el fuego de la prueba: dificultades y desafíos, para purificarnos de cosas que no le agradan y moldearnos en hombres preparados para servir en su reino.

José tuvo que enfrentar el fuego de la prueba. El había recibido sueños de parte de Dios mostrándole que él sería un líder tan grande que hasta sus hermanos se postrarían ante él. Con ese sueño, con esa expectación en su corazón, José tuvo que vivir 13 largos años viendo suceder todo lo contrario. Lejos de levantarlo como su líder, sus hermanos lo vendieron como esclavo y terminó siendo comprado por Potifar en Egipto.

Después de servir fielmente en la casa de su amo por años, se le presenta la esposa de Potifar. Como ya leímos, José huyó de la tentación. Hizo lo correcto delante de Dios. ¿Cuál fue su recompensa por honrar a Dios sobre todo en una situación sumamente difícil? ¡Fue juzgado injustamente y enviado a la cárcel! No precisamente lo que uno se imaginaría.

La verdad es que tenemos que entender que Dios no obra en la manera y tiempo que nosotros esperamos. El quiere producir carácter en nosotros para nuestro bien a largo plazo. La verdad es que si Dios nos llenara de bendición y nos levantara con autoridad, sin antes desarrollar carácter en nuestra vida, nos destruiría. No me mal entiendas. Si le homramos, El sí nos va a bendecir, simplemente la bendición vendrá en su tiempo y a su manera, que siempre resulta siendo lo mejor.

Dios tenía una tarea tan grande para José, el levantarlo como segundo del Faraón y dirigir el plan para alimentar a toda la región durante una gran hambruna, que requería un carácter igual de grande. Lo que debemos aprender de José es su disposición para seguir sirviendo a Dios con todo su corazón en medio de la prueba.

Esto se observa primero en la casa de Potifar donde se esforzó tanto que su amo lo puso como el encargado de toda la casa. Después le pasó lo mismo en la cárcel. A pesar de las terribles injusticias José siguió sirviendo con excelencia. Génesis 40:6-7 nos relata un momento muy interesante: *"Vino a ellos José por la mañana, y los miró, y he aquí que estaban tristes. Y él preguntó a aquellos oficiales de Faraón, que estaban con él en la prisión de la casa de su señor, diciendo: ¿Por qué parecen hoy mal vuestros semblantes?"*

Aunque suena como algo insignificante y nos puede pasar desapercibido, la verdad es que esta escena nos revela mucho del carácter de José. Aquí le encontramos enfocado en las necesidades de los demás a pesar de haber sufrido tanta injusticia. El inmediatamente nota que los otros dos están tristes y se interesa en su dolor. La mayoría de las personas que viven momentos difíciles tienden a enfocarse en sí mismos y sus problemas. De hecho, muchos se vuelven amargados y totalmente indiferentes a la necesidad ajena. José así no fue.

Yo creo que una de las claves para vencer el fuego de la prueba es precisamente no encerrarnos en nuestro dolor, sino permitir a Dios usarnos en medio de nuestro dolor. Una cosa que Dios hace es que aunque Él no manda todos nuestros problemas, Él sí aprovecha cada uno de ellos para nuestro bien. Es a través de vivir situaciones dolorosas que podemos ministrar a personas que están pasando por cosas similares.

Mi esposa Patty y yo fuimos probados en el horno de la aflicción hace varios años. Cuando nuestro hijo menor, Kevin, tenía cuatro meses, fue diagnosticado con glaucoma en ambos ojos. El oftalmólogo nos avisó que estaba en peligro de quedar ciego irreversiblemente y que necesitaba de urgencia una operación delicada que no se prácticaba localmente. Las siguientes horas y días fueron los más difíciles de nuestras vidas.

Por la gracia de Dios, un cirujano experto en glaucoma de la ciudad de Dallas hizo un espacio en su saturada agenda para operar a Kevin, unos días después de recibir la noticia.

Jamás he pasado una aflicción tan grande, como en las horas que duramos esperando el resultado de la operación. Al fin, el doctor apareció y nos dio la buena noticia de que la cirugía había sido un éxito, sin embargo, nos advirtió que nuestro hijo iba a requerir de cuidado especial en sus ojos de por vida y probablemente otras operaciones más adelante. Unas horas después nos entregaron a nuestro bebé con unas tapas metálicas sobre sus ojos para que él no se tallara y se lastimara. Kevin estaba inconsolable y en un fuerte llanto, y cuando lloraba las lagrimas salían por debajo de las tapas ya rojas por la sangre de la herida. Solo la gracia de Dios nos sostuvo en esos momentos. De la misma manera, El te sostendrá a ti en cualquier situación difícil que te encuentres. Esto nos ayudó a madurar y a apreciar las cosas de verdadero valor.

Ahora, quiero comentarte sobre la triple "A", que nos ayudará a pasar la prueba en la que estamos, y avanzar a una nueva etapa en la vida. Esto no tiene nada que ver con la lucha libre, por si ya te habías emocionado de poder meterte al "ring" y golpear a la persona que ha causado tu prueba. Al decir la triple "A", me refiero a tres cosas que te serán indispensables durante tu tiempo en el "desierto": Aprender, Amistad y Adorar.

APRENDER

Cuando alguien toma una prueba en la escuela, se supone que es para demostrar que aprendió algo durante las lecciones. Los tiempos de prueba en la vida, normalmente son momentos en que Dios quiere enseñarnos algo; hay que estar abiertos y atentos a lo que Dios quiere enseñar. Muchas veces, entre más pronto aprendemos, más pronto pasamos la prueba.

No seamos como aquellos cazadores, que se trasladaron en avioneta a un lugar aislado en las montañas, para cazar alces. Después de terminar su tiempo, la avioneta volvió por ellos. Para sorpresa del piloto, ellos habían cazado cuatro alces. Al verlos avisó que no podrían llevar más que dos en la avioneta, por el peso. Los cazadores argumentaron que el año anterior habían cazado cuatro alces también, y que los habían llevado en una avioneta idéntica a la del piloto. Le insistieron tanto, que al fin aceptó, pero con mucha reserva. Apenas logró despegar la avioneta, cuando sucedió lo temido: el peso era demasiado, y se estrelló en las montañas. Afortunadamente nadie murió, pero la avioneta fue destruida. En medio del caos, uno de los cazadores le preguntó al otro si sabía donde estaban, a lo cual el otro contestó: "Sí, me parece que estamos como a un kilómetro del lugar donde la avioneta se estrelló el año pasado."

Señores, hay que aprender de nuestros errores. Hay personas que nunca salen de la misma prueba, porque nunca aprenden la lección. Entre más duro sea el metal, más intenso y duradero tiene que ser el fuego. No seamos de cabeza dura, que requiere de fuego purificador, intenso y constante; seamos moldeables, dispuestos a cambiar, abiertos a aprender.

Patty y yo aprendimos mucho de nuestra prueba con Kevin, y gracias a Dios pasó pronto. Su oftalmólogo quedó asombrado con el progreso de su vista y no requiere de ninguna atención especial, mucho menos otras operaciones. Desde aquella tarde que el doctor nos dio el diagnóstico, decidimos poner a nuestro precioso bebé en manos de Dios. No nos pusimos en una actitud de reclamarle a Dios o endurecernos. No fue nada fácil, pero nos mantuvimos abiertos y Dios obró mucho en nuestros corazones.

AMISTAD

Desde el principio Dios dijo: *"No es bueno que el hombre esté solo."* Esta declaración no sólo se refiere al matrimonio, sino que es una verdad general de cómo fuimos diseñados por Dios. En medio de la intimidad tan profunda que tenía Adán con Dios en el Edén, no era bueno que él estuviera solo. Dios nos creó para necesitarnos los unos a los otros; no es bueno ni sano ser solitario.

Esta verdad se incrementa en tiempos de prueba. En esos momentos difíciles es cuando más debemos buscar rodearnos de buenos amigos. No enfrentes el desierto solo.

Eclesiastés 4:9-10 declara: "*Mejores son dos que uno; porque tienen mejor paga de su trabajo. Porque si cayeren, el uno levantará a su compañero; pero ¡ay del solo! que cuando cayere, no habrá segundo que lo levante*".

Algunos cometen el error de esperar que otros se acerquen y sean sus amigos, y cuando esto no sucede, se sienten olvidados y abandonados. No esperes, toma la iniciativa. Sé tú amigable primero, y comenzarás a tener amigos; siembra amistad y cosecharás amistad. Repito, ¡Toma la iniciativa! Levanta el teléfono y llama a un hombre de carácter que será una bendición a tu vida, ponte de acuerdo con tu esposa y llamen a una pareja. Invítalos a tu casa, o al hombre a desayunar o jugar un deporte. Involúcrate en tu iglesia. Si existen grupos o células, participa activamente.

Es una gran bendición tener buenas amistades en todo tiempo, pues en los momentos de prueba, pueden ser el factor que marque la diferencia entre salir victorioso o hundirse.

En el momento que Patty y yo supimos del glaucoma en los ojos de Kevin, buscamos el apoyo, de nuestra familia y amigos. Sus oraciones, palabras de aliento y expresiones de apoyo fueron un bálsamo en esos momentos tan duros.

ADORAR

Obviamente debemos adorar a Dios en todo tiempo. Apartarnos unos minutos del ajetreo diario para estar a solas con Dios. Buscar su rostro y adorarle, es el oxígeno de la vida cotidiana del cristiano. Su importancia nunca debe ser exagerada, cuando uno se encuentra en tiempos de prueba, inclusive debe aumentar más. Estos son los momentos cuando más necesitamos del refrigerio de Su presencia y de escuchar Su voz en nuestro interior.

Lo irónico de la situación es que comúnmente, en tiempos difíciles es cuando menos ganas tenemos de adorar. En tiempos buenos es fácil dar gracias a Dios. Cuando estamos alegres nos fluye alabarle; pero cuando la situación se ve obscura y sentimos dolor, o aún desilusión porque Dios no nos ha contestado como esperábamos, no fluye nada.

Aquí te voy a dar información sobre la prueba por adelantado; es como tu acordeón en exámenes. Adorar a Dios en tiempos difíciles casi siempre ES gran parte de la prueba. Dios quiere saber cómo vamos a reaccionar cuando no todo sale como esperábamos. ¿Le vamos a honrar en las buenas Y EN LAS MALAS? ¿O vamos a ser cristianos de conveniencia, que buscamos a Dios sólo cuando nos va bien?

Si tú estás pasando por una prueba, quiero animarte: adora a Dios. Y no sólo me refiero a tiempos de canto en la iglesia, aunque eso es muy importante. Sin embargo, quiero desafiarte aún más: aparta tiempo en tu vida ocupada para Aquél que te dió la vida. Y cuando estés a solas, no comiences inmediatamente a pedir algo, primero adora a tu Dios. Dale gracias por todo lo que El ha hecho -y es- en tu vida. Abre tu corazón y desahógate, expresándole tus dolores, temores, sueños y anhelos. Si tienes ganas de llorar, hazlo. Luego toma un momento para estar quieto en Su presencia. Permite que Él ponga una impresión en tu espíritu, deja que Él te hable. Después, pide por tus necesidades y las de otros.

Manejando a casa después de haber recibido la noticia devastadora de lo ojos de nuestro pequeño hijito, Patty y yo adoramos. Comenzamos a cantar alabanzas a Dios con voz fuerte en el carro. Nuestros dos hijos mayores, de 7 y 4 años en ese tiempo, cantaron junto con nosotros. Algo empezó a cambiar en el ambiente desde ese momento.

Para mi vida, el adorar y estar a solas con Dios es mi pan diario. Prácticamente cada mañana yo me voy a un parque, pongo mis discos de adoración y busco la presencia de Dios. Muchas veces me bajo a caminar y seguir adorando, orando y buscando más de El. Este es mi refugio donde encuentro dirección y fortaleza.

Si tú te apartas a solas con Dios y le adoras en medio de la prueba, yo creo firmemente que la prueba no se sentirá tan larga, por dos razones: primero, porque sentirás el sustento de Dios haciendo más ligera la carga, y segundo, porque estarás en camino a aprender el propósito de la prueba, por lo que, literalmente, será más corta.

En el libro de Daniel encontramos la historia de tres hombres jóvenes que enfrentaron el "horno de la aflicción", como menciona Isaías en una manera muy literal. Sadrac, Mesac y Abednego, eran tres hebreos que habían sido enviados al palacio de Babilonia, donde habían destacado y los habían puesto en posiciones de autoridad.

Un día, el Rey Nabucodonosor hizo una estatua de oro y ordenó que todos postraran ante el ídolo. En ese momento los tres jóvenes se encontraban enfrentando el fuego del pecado, la presión de hacer algo en contra de sus convicciones, "para quedar bien con el jefe". Muchos se rinden ante este fuego y terminan quemados, pero estos tres, no. Ellos eran de carácter y se negaron.

El castigo por no postrarse ante el ídolo era ser lanzado en un gran horno de fuego, y precisamente, fue lo que les hicieron a los tres. Ahora se encontraban en el fuego de la prueba y con fuego muy literal. Daniel 3:23-25 nos relata la escena:

"Y estos tres varones, Sadrac, Mesac y Abednego, cayeron atados dentro del horno de fuego ardiendo. Entonces el rey Nabucodonosor se espantó, y se levantó apresuradamente y dijo a los de su consejo: ¿No echaron a tres varones atados

dentro del fuego? Ellos respondieron al rey: Es verdad, oh rey. Y él dijo: He aquí yo veo cuatro varones sueltos, que se pasean en medio del fuego sin sufrir ningún daño; y el aspecto del cuarto es semejante a hijo de los dioses".

En medio de la prueba de fuego intenso, estos tres jóvenes no estaban solos. Un cuarto Varón estaba con ellos y los protegió en medio de las llamas. Dios mismo apareció en forma de hombre para sostener y proteger a sus hijos.

Hombre, hay algo que tienes que recordar: si tú te mantienes fiel a Dios, en medio de la prueba más intensa, el cuarto Varón estará contigo. Jesucristo, el hijo de Dios, te estará sosteniendo y protegiendo hasta el final. ¡Nunca te dejará ni te desamparará!

EL FUEGO DE SU PRESENCIA

Te tengo una buena y una mala. La mala es la siguiente: el principio que aprendimos sobre huir de la tentación, NO es suficiente para vencer el fuego del pecado. No me malentiendas, sí es sumamente importante y necesario pero, simplemente no es suficiente. Si esa es nuestra única arma, llegará el momento en que nos debilitemos, no huiremos, y pecaremos. Necesitamos algo más.

¡La buena, es que existe ese "algo"! se trata del fuego de la llenura del Espíritu Santo. De hecho, un resumen de este libro pudiera ser el siguiente: la forma de vencer el fuego del pecado y sostenerte en el fuego de la prueba, es llenarte del fuego de Su presencia.

¿Sabías que aún en lo natural, hay veces que el fuego es controlado por otro fuego? Cuando hay un incendio grande, por ejemplo, en un bosque, muchas veces la estrategia que usan los bomberos, es adelantarse al camino por el cual va avanzando el incendio, y quemar un pequeño terreno. Cuando el incendio grande llega a este lugar, se apaga, porque ya no hay árboles ni algo más que sirva como combustible.

El mismo principio se aplica en lo espiritual. El fuego del Espíritu Santo tiene el poder para apagar los fuegos del enemigo. Juan el Bautista, hablando de Jesús en Mateo 3:11, declaró: *"Yo a la verdad os bautizo en agua para arrepentimiento; pero el que viene tras mí, cuyo calzado yo no soy digno de llevar, es más poderoso que yo; él os bautizará en Espíritu Santo y fuego"*.

La palabra "bautismo", en el griego original significa "sumergir". Dios quiere sumergirnos en el Espíritu Santo y FUEGO. Encontramos ejemplos del efecto de este bautismo en fuego en el libro de los Hechos, especialmente en la vida del apóstol más conocido: Pedro.

Pedro es famoso por varias razones, y una de ellas es por "meter la pata" más que cualquier otro de los apóstoles. De todos sus errores, el más grande de todos tiene que ser el haber negado a Jesús tres veces, la noche que fue arrestado. Pedro tuvo miedo ante una jovencita, y en su temor, negó a su Señor. Esto marcó su vida.

En Juan 21 leemos de Pedro volviendo a la pesca. La pesca para Pedro no era un simple pasatiempo. El había sido un pescador de profesión antes de dejar las redes por seguir a Jesús. Entonces, Jesús lo había convertido en un pescador de hombres. A pesar de esto, y a pesar de que Jesús ya había resucitado, encontramos a Pedro volviendo a la pesca. Aparentemente seguía muy desanimado después de su gran falla la noche del arresto de Jesús, tanto, que parece ser, que había decidido que no servía como pescador de hombres y volvería a ser simplemente un pescador.

Unos días después Jesús regresó al cielo, pero no sin antes instruír a sus seguidores para que se quedasen en Jerusalén, hasta ser investidos de poder. Así que, 120 de ellos, incluyendo a Pedro, se reunieron en el aposento alto y estuvieron orando durante 10 días. En Hechos 2 leemos lo que sucedió: *"Cuando llegó el día de Pentecostés, estaban todos unánimes juntos. Y de repente vino del cielo un estruendo como de un viento recio que soplaba, el cual llenó toda la casa donde estaban sentados; y se les aparecieron lenguas repartidas, COMO DE FUEGO, asentándose sobre cada uno de ellos. Y fueron todos llenos del Espíritu Santo, y comenzaron a hablar en otras lenguas, según el Espíritu les daba que hablasen".* (Hechos 2:1-4)

A causa de este acontecimiento miles de personas de todo Jerusalén se acercaron para ver qué pasaba. Ante esta multitud de personas, muchos de ellos que hacía menos de dos meses habían crucificado a Jesús, Pedro se puso de pie y les confrontó con denuedo, diciéndoles que ellos eran culpables de la muerte del Hijo de Dios. El hombre que poco antes se acobardó ante una jovencita y un puñito de personas por temor de que supieran que él era un seguidor de Jesús, ahora se levanta ante miles y les predica el evangelio de Jesús. ¡Qué increíble transformación, a raíz de haber sido bautizado en el Espíritu Santo y fuego! ¡Ésto es lo que tú y yo necesitamos!

Una vez, le preguntaron a Juan Wesley cuál era la clave de su gran éxito en el ministerio, ya que él fue usado por Dios como el instrumento principal para traer avivamiento a Inglaterra y Estados Unidos, en los 1700's. Ante la pregunta, él contestó que él se prendía de fuego, y la gente venía a verlo arder.

Seriamente debemos hacernos las siguientes preguntas: ¿cómo podemos prendernos en fuego? ¿Qué se requiere para que Dios derrame fuego del cielo? Creo que es importante aclarar que esto es una obra SOBERANA de Dios que no puede ser producida por los hombres, y no existe una formula mágica para que venga avivamiento a nuestras vidas. Sin embargo, creo que las Escrituras sí nos revelan claves indispensables que nos preparan para que Dios pueda enviar su Espíritu.

En 1 Reyes leemos de una ocasión donde Dios envió fuego del cielo literalmente. Esto sucedió en el ministerio del profeta Elías. En ese relato podemos identificar tres claves que Dios está buscando en nuestras vidas para que El nos pueda llenar de Su fuego: SED, SANTIDAD y SACRIFICIO.

1. SED

En el capítulo 17 de 1a. de Reyes Elías se tiene que esconder del rey Acab por causa de una sequía que vino sobre Israel cuando Elías profetizó. Dios lo envía a un arroyo donde lo alimenta sobrenaturalmente mandando cuervos con pan y carne. Sin embargo, al avanzar la sequía llega el momento que se seca el arroyo, entonces Dios le indica a Elías que se vaya a un pueblo fuera de Israel donde una mujer viuda lo sustentaría. Esto nos puede sonar sencillo pero era un paso grande para el profeta. ¿Cómo era posible que el gran profeta de Israel buscara ayuda de una viuda que ni era judía? Es en situaciones como estas cuando muchos fallamos. La tendencia humana es quedarnos junto al arroyo. Es un lugar seguro porque nos hemos acostumbrado a él. Existen muchos hombres cristianos, aún pastores, que están estancados en su arroyo, o mejor dicho en su rollo (en sí mismos), porque no les gusta el cambio. Se aferran al hecho de que hace mucho tiempo Dios les bendijo en cierto lugar o forma de hacer las cosas, no reconocen que ese arroyo ya está seco.

Aunque la naturaleza de Dios nunca cambia, sus métodos sí. Isaías 43:18-19 declara: *"No os acordéis de las cosas pasadas, ni traigáis a memoria las cosas antiguas. He aquí que yo hago cosa nueva; pronto saldrá a luz; ¿no la conoceréis? Otra vez abriré camino en el desierto, y ríos en la soledad".*

Tristemente muchos se aferran a las cosas pasadas y no conocen las cosas nuevas que Dios está haciendo. Por eso Él hace la pregunta: "¿no la conoceréis?" Yo no sé de ti, pero yo quiero conocer y fluir en todo lo que Dios hace. Si lo vamos a lograr, tendremos que estar dispuestos a dejar nuestro arroyo, nuestra comodidad y costumbres, y estirarnos a lo que Dios indica, aún cuando sea incómodo, como sin duda fue para Elías. La verdad es que, aparte de su disposición para obedecer a Dios, hubo otro factor que impulsó a Elías a irse del arroyo: SED. En lo natural al secarse el arroyo obviamente causó sed en el profeta. En lo espiritual la falta del Espíritu Santo en nuestras vidas debe provocar sed por su llenura. Lo interesante es que cuando nos comienza a llenar, no se quita la sed, sino que nos abre el apetito y queremos aún más. Tristemente hay muchos cristianos que se han acostumbrado tanto a un arroyo seco, a un cristianismo seco y sin vida, que no tienen sed por más de Su Espíritu y hasta se molestan cuando se dice que existe más.

¿Cómo podemos ser aún más llenos del Espíritu Santo? En Lucas 11:13, Jesús declaró: *"Pues si vosotros, siendo malos, sabéis dar buenas dádivas a vuestros hijos, ¿cuánto más vuestro Padre celestial dará el Espíritu Santo a los que se lo pidan?"*

Vemos que lo primero que necesitamos es simplemente pedir, ya que tenemos un Padre bondadoso. Además la llenura del Espíritu Santo es un regalo que El quiere darnos. Sin embargo, debemos leer los versículos anteriores para entender más claramente cómo debemos pedir.

Aquí encontraremos la clave de la SED. Hay que tener hambre y sed de El. Primero Jesús contó una pequeña historia ilustrativa comenzando en el versículo 5.

"Les dijo también: ¿Quién de vosotros que tenga un amigo, va a él a medianoche y le dice: Amigo, préstame tres panes, porque un amigo mío ha venido a mí de viaje, y no tengo qué ponerle delante; y aquél, respondiendo desde adentro, le dice: No me molestes; la puerta ya está cerrada, y mis niños están conmigo en cama; no puedo levantarme, y dártelos? Os digo, que aunque no se levante a dárselos por ser su amigo, sin embargo por su importunidad se levantará y le dará todo lo que necesite". (Lucas 11: 5-8)

Esta breve historia nos demuestra el principio de la persistencia. El hombre de la historia está acostado, juntamente con su familia y no quiere levantarse para dar pan al que se lo está pidiendo. Sin embargo termina levantándose y dando el pan por la "importunidad" de su vecino. La clara implicación es que el vecino no le tocó una sola vez. Entendemos que el hombre acostado se negó, y el vecino, en vez de irse con las manos vacías, estuvo insistiendo, pidiendo, tocando, rogando, llamando hasta que al fin rompió la resistencia y recibió su pan.

No es coincidencia que Jesús haya usado el simbolismo del pan, ya que El mismo dijo que Él es el pan enviado del cielo. Necesitamos clamar hasta recibir el pan de Su Presencia. También es notorio que el vecino realmente lo estaba pidiendo para un amigo de él que llegó de viaje hambriento. Debemos buscar el pan de la presencia de Dios no solo para nosotros, sino también para la gente hambrienta y necesitada que nos rodea. Debemos clamar por un derra-mamiento del Espíritu Santo que nos sacie a todos.

Los siguientes versículos confirman este principio de persistencia.

"*Y yo os digo: Pedid, y se os dará; buscad, y hallaréis; llamad, y se os abrirá. Porque todo aquel que pide, recibe; y el que busca, halla; y al que llama, se le abrirá".* (Lucas 11:9-10)

Los verbos "pedid" "buscad" y "llamad" en el griego original fueron escritos en el presente continuo. Lleva el sentido de algo que continúa. Realmente no existe ninguna palabra en español que iguale el sentido que tenía este tiempo del verbo. Los expertos en los idiomas nos indican que la forma más similar al original al expresarlo sería más o menos así: *"Pedid y seguir pidiendo, y se os dará; buscad y seguir buscando, y hallaréis; llamad y seguir llamando, y se os abrirá".*

La clave de recibir es pedir, pero es pedir, buscar y llamar con persistencia, con desesperación, con hambre y sed. Yo aprendí un principio que cambió mi forma de ver las cosas. "Dios no llena a los necesitados, El llena a los SEDIENTOS." Hay multitudes de necesitados que no están siendo saciados por Dios. Estar necesitado no es suficiente. Tenemos que reconocer nuestra necesidad, tener hambre de Dios y clamar hasta recibir.

Algunos tienen el concepto equivocado de que la llenura del Espíritu Santo es una experiencia que sucede una sola vez en la vida. Esto simplemente no concuerda con lo que encontramos en las Escrituras. En Efesios 5:18 tenemos otro caso de un verbo escrito en el presente continuo. *"No os embriaguéis con vino, en lo cual hay disolución; antes bien sed llenos del Espíritu".*

La conjugación "sed llenos" literalmente se debe traducir "sed llenos y sigan siendo llenos" o "sed continuamente llenos". El Espíritu Santo desea llenarnos con más y más de Su Presencia y poder. Esto le pasó a Pedro y a los otros apóstoles. Ya leímos cómo fueron llenos inicialmente en Hechos capítulo dos. Más adelante encontramos a este grupo, juntamente con muchos nuevos creyentes, reunidos orando, y nuevamente siendo llenos del Espíritu Santo.

"Cuando hubieron orado, el lugar en que estaban congregados tembló; y todos fueron llenos del Espíritu Santo, y hablaban con denuedo la palabra de Dios". (Hechos 4:31)

Noten que TODOS fueron llenos. Todos, obviamente incluye a los apóstoles que ya habían sido llenos en el aposento alto. Esta vez, la manifestación principal de la llenura del Espíritu Santo fue que hablaron la palabra de Dios con denuedo.

Para que no haya alguna mala interpretación, permíteme aclarar un punto importante. Toda persona que entrega su vida a Jesucristo recibe el Espíritu Santo. Efesios 1:13 nos enseña que cuando creemos en el evangelio somos "sellados con el Espíritu Santo". No es que tenemos que recibir al Espíritu en nuestra vida vez tras vez. Si hemos puesto nuestra fe en Jesús para salvación, el Espíritu de Dios ya mora en nosotros. La llenura que Él nos ofrece y que debemos buscar es por más de sus atributos: Su pasión, Su poder, Su denuedo, Su unción, etc. Al clamar "dame más de ti" nos referimos a sus atributos.

2. SANTIDAD

Después de tres años y medio de sequía, el profeta Elías hizo una convocatoria para comprobar quién era el verdadero Dios en el Monte Carmelo. Después de que los profetas de Baal fracasaron en su intento de lograr que cayera fuego del cielo, seguía el turno de Elías. En 1 Reyes 18:30 leemos, *"Entonces dijo Elías a todo el pueblo: Acercaos a mí. Y todo el pueblo se le acercó; y él arregló el altar de Jehová que estaba ARRUINADO".*

Antes de pedir fuego del cielo, Elías sabía que era necesario ordenar el altar. Dios no iba a mandar su fuego santo sobre un altar arruinado, descuidado o desordenado. Igualmente Dios no va a mandar su fuego santo sobre un hombre cuya vida es desordenada y descuidada. Dios requiere de un altar limpio y ordenado que nos habla de una vida de integridad y honestidad.

Dios está buscando hombres de carácter, hombres trabajadores, responsables y honrados. Debemos ser hombres cuya palabra provoca confianza, ya que, como cristianos, somos conocidos por ser honestos, rectos y cumplidos. Si tienes deudas que no estás pagando, necesitas dar la cara, pedir perdón y comenzar a pagar aunque sea en abonos. ¡Esto es integridad!

Nuestra forma de hablar también debe reflejar un altar ordenado. La Biblia nos advierte fuertemente que no debe haber en nuestra lengua, ni mentiras, ni críticas, ni conversación inmoral, sino palabras que dan gracia a los oyentes. Si hoy reconocemos que esto no describe nuestra vida, hagamos cambios, ordenemos el altar y quitemos todo lo que impida que venga el fuego de Dios a nuestro ser.

Efesios 4:28 y 29 en la Nueva Versión Internacional nos exhorta: *"El que robaba, que no robe más, sino que TRABAJE HONRADAMENTE con las manos para tener que compartir con los necesitados. Eviten toda CONVERSACION OBSCENA. Por el contrario, que sus palabras, contribuyan a la necesaria edificación y sean de bendición para quienes escuchan".*

El versículo 30 es muy fuerte. Dice: *"No agravien al Espíritu Santo de Dios,"* La versión Reina Valera lo expresa, *"Y NO CONTRISTEIS AL ESPIRITU SANTO DE DIOS,"* Ningún hombre de Dios acepta un estilo de vida que contriste al Espíritu Santo. Es hora de cambio.

Existe una ironía de la cual debemos estar concientes. Mientras nos rendimos al gobierno del Espíritu Santo, Él nos da el poder para vencer el pecado, pero si nos descuidamos, el pecado tiene el poder de apagar el fuego del Espíritu en nuestras vidas.

1 Tesalonicenses 5:19 declara: *"No apaguéis al Espíritu"*. El fuego del Espíritu Santo puede ser apagado. Los siguientes versículos nos hablan de cosas que le echan agua al fuego. Primero menciona el menospreciar las profecías. Luego leemos en el versículo 22: *"Absteneos de toda especie de mal"*. La maldad o pecado apaga el Espíritu. Si queremos ser hombres en llamas necesitamos buscar persistentemente y apasionadamente la llenura del Espíritu. Pero también, necesitamos abstenernos de toda clase de mal. No esperes que Dios ignore tu pecado. El va a derramar su Espíritu en vasos limpios. En la primera sección del Fuego del Pecado ya consideramos más a fondo como vencer la tentación.

3. SACRIFICIO

En 1 Reyes 18 leemos de Dios derramando fuego del cielo sobre el altar que había edificado el profeta Elías. *"Entonces cayó fuego de Jehová, y CONSUMIO EL HOLOCAUSTO..."* (v. 38) Si nosotros vamos a ser consumidos por el fuego de Su presencia, tenemos que estar dispuestos a ponernos sobre el altar como un holocausto, como un sacrificio. Aclaro que esto no tiene nada que ver con hacer actos de penitencia para ganar el favor de Dios, ya que todo lo que Él nos da es por Su gracia. Me refiero más bien a la total disposición de ser usados por Dios en la manera que Él decida, y a presentarnos a Dios en la forma que instruye Romanos 12:1, como un "sacrificio vivo".

Permíteme ser franco. Hay hombres que se emocionan con ser llenos del fuego del Espíritu Santo y con ser usados por Dios. Eso es excelente, pero hay un problema. Tienen un concepto equivocado de lo que Dios quiere. Les encanta el escalofrío de un encuentro con la presencia de Dios, pero no buscan desarrollar el fruto de ese encuentro. Dicen que quieren ser usados por Dios, pero se imaginan que esto implica predicar en los estadios, o por lo menos en su iglesia. La verdad es que a unos cuantos Dios ha llamado a predicar en público, pero a TODOS nos ha llamado a servirle.

Ser un sacrificio sobre el altar, implica morir al yo y estar dispuesto a servir a Dios en lo más pequeño y olvidado. Implica humillarnos y ser fiel en lo poco, desde acomodar sillas o automóviles, hasta dar clases a niños o ayudar con la limpieza, y no solo en la iglesia, sino también en la vida cotidiana. Implica para el joven, ser un excelente hijo que obedece y honra a sus padres. Implica para el hombre casado, amar a su esposa como Cristo amó a la iglesia y se entregó a sí mismo por ella. Implica para el padre de familia, proveer para su familia, pasar tiempo con sus hijos, esforzándose para criarlos en la disciplina y amonestación del Señor.

No suena muy emocionante. Sin embargo, de esto se trata el ser un sacrificio sobre el altar, y solamente sobre ellos puede caer el fuego del cielo. Es muy sencillo. Sin un sacrificio y sin leña, no hay combustible para el fuego. Nosotros somos ese combustible en el cual Dios quiere depositar su fuego, para llenarnos y usarnos para sus propósitos. Ese fuego te llenará para que seas de impacto en dondequiera que Dios te ponga. Tú puedes ser un instrumento que Dios use para sanar a los enfermos, ministrar a los dolidos y aún predicar en los estadios. Pero primero, Dios tiene que llenarte sobre el altar.

Vivimos en un mundo desesperadamente necesitado y urge que se levanten hombres valientes para la tarea. Dios no quiere que tu cristianismo sea aburrido y pasivo. Es hora de levantarte, llenarte del fuego y pasión de Dios y hacer la diferencia en la vida de tu familia, comunidad y más allá. Hay mucho más en la vida que simplemente suplir las necesidades del hogar, cumplir en la iglesia el domingo y ver televisión. Toma el desafío de vivir la vida intensamente para Dios. Dios está buscando hombres que serán héroes para sus hijos y modelos para una sociedad carente de líderes.

No podemos olvidarnos de José el soñador. Ya comentamos de cómo él venció el fuego del pecado y se sostuvo en el fuego de la prueba. Finalmente él fue librado de la prueba cuando estuvo ante la presencia del rey de Egipto, conocido como el Faraón, quien tuvo un sueño inquietante que nadie en el palacio podía interpretar. El copero se acordó de José, ya que le había interpretado un sueño, y le comentó al Faraón. Hicieron que José fuera llevado ante la presencia del rey, y Dios le dio la interpretación del sueño. En ese momento, el Faraón, no tan solo lo libró de la cárcel, sino también lo nombró como el segundo en todo Egipto.

Nosotros tenemos un privilegio aún mayor. Podemos ir ante la presencia del Rey de todos los reyes, el Creador de los reyes, las naciones y el universo entero. En la presencia de Dios encontraremos el fuego para vencer el pecado y pasar la prueba. Desgraciadamente gran parte de la cultura cristiana actual, toma muy a la ligera tanto el pecado como el incomparable privilegio de tener intimidad con Dios. Eso nos lleva a otro tipo de fuego.

FUEGO EXTRAÑO

Existe otro tipo de fuego y es extremadamente peligroso. La Biblia lo llama "fuego extraño". Leemos de ello en Levítico 10:1-2. *"Nadab y Abiú, hijos de Aarón, tomaron cada uno su incensario, y pusieron en ellos fuego, sobre el cual pusieron incienso, y ofrecieron delante de Jehová fuego extraño, que él nunca les mandó. Y salió fuego de delante de Jehová y los quemó, y murieron delante de Jehová".*

Estos dos jóvenes cometieron un pecado que Dios no soportó. Tomaron a la ligera las cosas de Dios. Ofrecieron un sacrificio que Dios no les pidió y que ni les correspondía a ellos. Mostraron una falta a lo que la Biblia llama "el temor de

Dios". Este temor no es un miedo que nos aleja de Dios, sino se refiere a una reverencia profunda por quien es Él, guardándonos de actitudes ligeras e inapropiadas. Gracias a Dios ahora gozamos de vivir bajo la gracia del nuevo pacto que estableció Jesús, y no muy comúnmente vemos escenas de personas siendo fulminadas por el fuego celestial. Sin embargo, tenemos que entender, que el celo y carácter de nuestro Dios santo no ha cambiado en lo más mínimo. Su paciencia no debe ser interpretada como tolerancia. Que no haya duda. Todo pecado tendrá consecuencia y lo que no es lavado por la sangre de Jesús será pagado por el pecador en su debido tiempo.

Esto sigue siendo claro en el Nuevo Testamento. *"Así que, recibiendo nosotros un reino inconmovible, tengamos gratitud, y mediante ella sirvamos a Dios agradándole con TEMOR Y REVERENCIA; porque nuestro Dios es FUEGO CONSUMIDOR".* Hebreos 12:28-29. Con la gran bendición de tener ahora libre acceso a la presencia del Dios Todopoderoso, corremos el peligro de acostumbrarnos y tomar como un hecho el entrar a Su presencia. No olvidemos el precio que le costó a nuestro Señor Jesús el darnos esta libertad. Derramó su preciosa sangre mediante la agonía y tortura de la crucifixión. Tampoco olvidemos con quién estamos tratando cuando hablamos con Dios.

Por un momento contempla la grandeza del océano. Tan increíblemente inmenso, pero solo es parte del Planeta Tierra. Ahora imagínate nuestro planeta al lado del sol. Es solo un pequeño punto. Ahora trata de comprender lo siguiente: el sol es solo una estrella entre 100 mil millones de estrellas en nuestra galaxia. Si tu cerebro aún puede continuar captando, considera un punto más. Nuestra galaxia es solamente una entre 140 mil millones de galaxias en el universo visible. Nuestro Dios lo creó todo con el poder de su aliento.

Números así son difíciles de digerir. Pero quizá esto te ayude. Piensa en los granos de arena en un desierto. Ahora multiplícalos por todos los desiertos y playas del mundo. Imagínate la inexpresable cantidad de granos de arena en todo el planeta. En el universo visible hay 10 veces más estrellas que granos de arena en el mundo, y nuestro Dios lo creó todo con el poder de su aliento. Recapacitemos un poco de con quién estamos tratando.

No permitamos que nuestra devoción a Dios se vuelva rutinaria y superficial. Tengamos cuidado de nunca ofrecer "fuego extraño", sino devoción genuina. Al pasar los años es muy fácil permitir que nuestra relación con Jesús se vuelva una simple costumbre. Si esto te está pasando, es hora de reaccionar. Pide perdón a Dios y comienza una búsqueda fresca de su presencia.

El rey David fue un verdadero hombre en llamas. El es uno de los adoradores más apasionados en toda la Biblia. Escribió gran parte del libro de los Salmos donde describe una maravillosa intimidad con Dios. Al mismo tiempo escribió del temor y asombro por la grandeza de Dios. En el Salmo 8 David expresa: *"Cuando veo tus cielos, obra de tus dedos, la luna y las estrellas que tú formaste, digo: ¿Qué es el hombre, para que tengas de él memoria, y el hijo del hombre, para que lo visites?"* (Salmo 8:3-4)

En el Salmo 25 el observa: *"La comunión íntima de Jehová es con los que le temen, Y a ellos hará conocer su pacto"*. Si queremos tener verdadera intimidad con Dios y conocer Su pacto, y más profundamente Su palabra, necesitamos vivir en el temor del Señor.

Yo soy hijo de pastor. Mis padres han sido ministros por más de 45 años. Prácticamente crecí en la iglesia. He estado en miles de reuniones. Esto lo considero una gran bendición, sin embargo, también es un peligro. Reconozco que en muchas ocasiones las cosas de Dios se me han hecho rutinarias, pero doy gracias al Señor que por Su gracia, he reaccionado y recapacitado sobre la grandeza del Dios a quien sirvo. He contemplado nuevamente el precio tan alto que pagó, tanto el Padre como el Hijo en la cruz. Esto me ha llevado al arrepentimiento y a retomar la actitud correcta y la búsqueda por más de Dios. Al pasar los años es inevitable tener momentos rutinarios. Existe claramente un patrón de tiempos secos, juntamente con tiempos avivados. Esto no debe desanimarnos. De hecho, muchas veces son los tiempos secos los que nos impulsan a una mayor búsqueda y a apreciar mucho más Su Presencia. Lo que NO podemos permitir es el acostumbrarnos a una vida cristiana estéril y estancada, donde el buscar a Dios se vuelva religiosidad. Esto nos llevará a tratar lo sagrado como algo común. Nos llevará a ofrecer fuego extraño que Dios no pide y no acepta.

Imagínate a un mecánico en su taller. Su uniforme está manchado de aceite y suciedad pero él no se siente mal, ya que esto es normal en el ambiente de un taller. A su alrededor hay herramientas, refacciones sucias, aceite en el piso, etc. De repente, él se acuerda que tiene que estar en una boda en ese mismo momento. En su pánico se sube al carro sin pensar y maneja rapidamente a la boda. Al entrar en la iglesia al fin reacciona sobre su condición y de repente se siente como la persona más sucia del mundo. Todo a su alrededor es blanco y limpio, mientras que él está cubierto de aceite. ¿Por qué se siente mal ahora, si unos minutos antes no notaba su suciedad? No se ensució en el camino. Lo que cambió fue su ambiente.

Si nosotros vamos a entrar a la presencia de nuestro Dios Santo, se van a notar las manchas de nuestra vida. Si vamos a penetrar y ser llenos de su Santo Espíritu, tendremos que deshacernos de todo lo que nos ensucia. Mientras estamos lejos nos vamos acostumbrando a vivir en una manera similar a los que nos rodean, hasta que ya no lo notamos, pero al acercarnos a El nos volveremos mucho más concientes de nuestra verdadera condición. Entonces es menester ser sensibles y obedientes a la convicción del Espíritu de Dios. Tendremos que estar dispuestos a cambiar en todo lo que vemos, decimos y pensamos.

El profeta Isaías fue uno de los más grandes hombres de Dios de las Escrituras. El recibió más revelación sobre la venida del Mesías, que cualquier otro de los profetas del Antiguo Testamento. Era un hombre recto y consagrado a Dios. A pesar de ello, su vida fue transformada cuando tuvo un encuentro con el fuego de la presencia de Dios.

"En el año que murió el rey Uzías vi yo al Señor sentado sobre un trono alto y sublime, y sus faldas llenaban el templo. Por encima de él había serafines; cada uno tenía seis alas; con dos cubrían sus rostros, con dos cubrían sus pies, y con dos volaban. Y el uno al otro daba voces, diciendo: Santo, santo, santo, Jehová de los ejércitos; toda la tierra está llena de su gloria. Y los quiciales de las puertas se estremecieron con la voz del que clamaba, y la casa se llenó de humo. Entonces dije: ¡Ay de mí! que soy muerto; porque siendo hombre inmundo de labios, y habitando en medio de pueblo que tiene labios inmundos, han visto mis ojos al Rey, Jehová de los ejércitos. Y voló hacia mí uno de los serafines, teniendo en su mano un carbón encendido, tomado del altar con unas tenazas; y tocando con él sobre mi boca, dijo: He aquí que esto tocó tus labios, y es quitada tu culpa, y limpio tu pecado. Después oí la voz del Señor, que decía: ¿A quién enviaré, y quién irá por nosotros? Entonces respondí yo: Heme aquí, envíame a mí". (Isaías 6:1-8)

Cuando Isaías enfrentó la gloria y majestad de Dios, reconoció su pecado como "hombre inmundo de labios" y clamó "¡Ay de mí!". Tenemos que humillarnos ante Dios con reverencia y reconocer nuestra maldad. El pecado del profeta era por su forma de hablar y éste, sigue siendo uno de los más comunes. Santiago lo describe así: "*Y la lengua es un fuego, un mundo de maldad. La lengua está puesta entre nuestros miembros, y contamina todo el cuerpo, e inflama la rueda de la creación, y ella misma es inflamada por el infierno*". Santiago 3:6. ¡Cuántas veces pecamos con nuestra lengua! Pecados de crítica, mentira, ira, perversión y otros más, se manifiestan comúnmente por nuestras palabras.

Cuando Isaías reconoció su pecado y clamó a Dios, leemos que un carbón encendido fue tomado del altar y puesto sobre sus labios. Fuego de la misma presencia de Dios se aplicó a la fuente de pecado. El resultado fue inmediato. En ese instante Isaías fue preparado para responder al llamado de Dios, exclamando: "*¡Heme aquí, envíame a mí!*"

Vivimos en un mundo desesperadamente necesitado y urge que se levanten hombres valientes para la tarea. Dios no quiere que tu cristianismo sea aburrido y pasivo. Es hora de levantarte, llenarte del fuego y pasión de Dios y hacer la diferencia en la vida de tu familia, comunidad y más allá. Hay mucho más en la vida que simplemente suplir las necesidades del hogar, cumplir en la iglesia el domingo y ver televisión. Toma el desafío de vivir la vida intensamente para Dios. Dios está buscando hombres que serán héroes para sus hijos y modelos para una sociedad carente de líderes.

Dios quiere usarnos a nosotros, hombres. Hombres que se llenan del Fuego de Su Presencia para vencer el Fuego del Pecado y pasar el Fuego de la Prueba. ¡El está buscando HOMBRES EN LLAMAS!

Libros Adicionales

Ni Macho Ni Ratón, Sino Verdadero Varón

Existe mucha confusión en cuanto a lo que es la hombría. Este libro desafía a los varones que sean verdaderos hombres de Dios.

El Hombre: Hijo, Esposo, Padre y Amigo

Fuimos creados para relacionarnos con otras personas. Este libro le guiará a valorar y desarrollar sus relaciones personales para que su vida sea enriquecida.

-CONSIGA ESTOS Y OTROS MATERIALES QUE LE AYUDARÁN EN SU **CRECIMIENTO ESPIRITUAL**-

CONSIGA TODOS LOS LIBROS

CRECIMIENTO
- 7 Cosas que Jamás Aceptaré
- El Dominio del Creyente
- Cómo Romper la Maldición de la Pobreza
- Poder en tu Boca
- Usted puede Ganar en la Vida
- Rompiendo Ataduras
- Cambia tu Vida a Través del Gozo
- 11 Mitos Mortales Vs. La Verdad
- Libre de Temor
- Satanás Casi Destruyó mi Vida
- María: Una vida ejemplar
- Tú puedes ser libre de ataduras sexuales
- La Importancia del Perdón
- Cómo Experimentar la Presencia de Dios
- La Nueva Era del Ocultismo
- Apocalipsis y el Nuevo Milenio
- Jesús de Nazaret
- La Persona que Dios Usa
- Tu Puedes ser Sobreabundantemente bendecido
- Mujeres Bíblicas #1
- Mujeres Bíblicas # 2
- Conociendo a Dios
- Verdades que Transforman
- Respuestas Bíblicas a 10 Preguntas Actuales
- Más que Vencedores
- Fundamentos para una vida de éxito
- Experimenta la Presencia de Dios a Través del Tabernáculo
- El Asombroso e Inagotable *Amor de Dios*
- Tú puedes ser sanado
- Como criar a un hijo adolescente ¡sin volverse loca!
- *Como enfrentar las Adversidades de la vida
- *Alcanzando Grandeza bajo autoridad
- *¿Por qué no soy como tú?
- *Viendo el amor de Dios en el libro de Exodo

* Libros Nuevos

PARA MUJERES
- De Mujer a Mujer
- La Mujer de Excelencia (Curso y Bolsillo)
- La Mujer Verdaderamente Libre
- Tú puedes ser feliz, con o sin un hombre *(Ampliado y Actualizado)*.
- De repente ¡Me quede Sola!
- ¡Auxilio! Me pidió el divorcio
- El Perfil de una Mujer de Dios
- ¿Quién Puede entender a los Hombres?
- La Verdadera Belleza
- 10 Errores que Cometen las Mujeres
- 8 Tipos de Madre
- Proverbios y la Mujer Moderna
- La Mujer y sus Emociones
- Situaciones Dif. que enfrentan las mujeres No. 1
- Situaciones Dif. que enfrentan las mujeres No. 2
- El Deleite y el Dolor de ser Esposa de Pastor
- Disfruta donde estás mientras caminas a donde vas. (Vive en gozo)
- *De Profesión: Mamá...

PARA MATRIMONIOS
- 14 Reglas para un Conflicto Matrimonial
- Amistad e Intimidad
- Matrimonio al Máximo
- 10 Mandamientos para el Matrimonio
- Curso de Matrimonios
- Fundamentos para un matrimonio de Éxito

PARA LA FAMILIA
- Sus Hijos, Barro en sus Manos
- La Familia Feliz
- Cuando Los Hijos se Rebelan
- 10 Errores que cometen padres de niños
- El Plan de Dios para la Familia

AVIVAMIENTO
- Sorprendido por el Espíritu
- Una Aventura que Vivir
- Maravillas, Prodigios y Señales
- Avivamientos de sanidad # 1
- Avivamientos de sanidad # 2

PARA PEDIDOS VER CONTRAPORTADA REV. AA

LIBROS

ORACION
- Orando para Lograr Resultados
- El Secreto para Cambiar su Familia
- Cuando una Mujer Ora por sus Hijos
- Poseyendo la Tierra
- Cuando la Mujer Ora
- Intercesión: La Bomba Nuclear de Dios

PARA JOVENES
- El Joven y su Sexualidad
- ¡Sexo, Vale la Pena Esperar!
- Novela Crystal
- Sabiduría para encontrar tu pareja y dirigir tu noviazgo

UNA VIDA RADICAL
Biografía de Víctor y Gloria Richards

PARA HOMBRES
- ¡Este Hombre sí Supo!
- El hombre, hijo, esposo, padre y amigo
- Ni macho ni ratón, sino verdadero varón
- Hombro con Hombro
- De Padre a Padre
- Faldas, Finanza y Fama
- Dios, el Dinero y tú
- 5 Prácticas de las personas que triunfan
- Una actitud que abre puertas
- Hombres en Llamas

*Serie "Saliendo de la Cueva"
- #1 Venciendo la Aflicción y la Depresión
- #2 Venciendo la Carga de las Deudas
- #3 Venciendo la Amargura y el Dolor

Nuevo Material

OTROS MATERIALES

VIDEO-LECCIONES
(Incluye manual) VHS y DVD
- Apocalipsis y el nuevo milenio
- La Nueva Era del Ocultismo
- El Verdadero Sexo Seguro (No manual)
- **Desenmascarando a Da Vinci**

VIDEOS Y DVD PARA MATRIMONIOS
- Disfrutando las diferencias
- 10 Mandamientos para el Matrimonio
- 10 Mandamientos para la Familia
- **Matrimonio Maravilloso en el Espíritu**

AUDIO CASETES DE MUSICA
(Para niños)
- Cantando la Palabra
- Venciendo el Miedo - *Vaquero Vázquez*
- El Baño de Lucas (CD y Cass.)
- El Gran Engaño
- La Tía Ruperta (CD y Cass.)

MENSAJES
- ¿Qué sucede después de la Muerte?
(2 DVD's /2 CD)
- La Bendición de Vivir Bajo Autoridad
(4 cass./4 DVD's/2 VHS)
- La Verdadera Aventura
(4 CD's y 4 cass.)
- Conectando con mis hijos
(2 cass./2 CD's)
- Liderazgo en tiempo de Crisis
(4 CD's / 4 Cass)

AUDIO CASETES Y CD's DE MUSICA
- Se escucha la lluvia
- Unidos por la Cruz
- Hombres Valientes
- Clamemos a Jesús
- Generación sin Frontera
- Ven y llena esta Casa
- Esclavo por amor

PARA PEDIDOS VER CONTRAPORTADA REV. AA